그런대로 괜찮다

그런대로 괜찮다

초판 1쇄 인쇄 | 2024년 12월 05일
지은이 | 윤옥난
펴낸이 | 이승훈
펴낸곳 | 해드림출판사
주 소 | 서울 영등포구 경인로82길 3-4(문래동1가 39)
　　　　센터플러스빌딩 1004호(우편07371)
전 화 | 02-2612-5552
팩 스 | 02-2688-5568
E-mail | jlee5059@hanmail.net

등록번호　제2013-000076
등록일자　2008년 9월 29일

ISBN　979-11-5634-609-8

그런대로
괜찮다

해드림출판사

서문

토닥토닥

　딸이 정씨 가문에 그만 희생하고 엄마를 위해 살아 보라고 응원처럼 말하면 '다 컸네.' 하고 웃고 말았지만 내 삶에 무게가 무언지 서글프곤 했지요.
　그러다 십여 년 전 이 사람 저 사람 글을 써보라고 했을 때는 '글 잘 쓰는 사람들이 얼마나 많은데 제가요?' 손사래 치며 웃다가 지천명을 지나며 글쓰기를 시작하고 절로 행복해 웃음이 나곤 했습니다.

　친구는 먼저 글을 쓰다 보니, 어떤 사람은 글과 행동이 일치가 안 되어 상처받는 사람이 더러 있다고 말하며 만류했지만, 쓰다 보니 어느새 제 상처가 치유되는 것도 알게 되었어요.

일상생활에서 느끼는 대로 건져 올린 글이 세련되지는 않아도 소박한 맛은 있지 않을까, 자화자찬하며 저를 위로해 봅니다.

글을 쓰기 시작했을 때 '누나 글은 다 슬퍼.'라고 했던 막내동생, 우리 남매 조실부모하여 무섭고 두려웠던 내 안에 슬픔을 한 줄 한 줄 꺼내 놓으면서 마음이 맑은 날로 가득해졌습니다. 글 덕분 좋은 인연들도 만나고 고단했던 제 마음도 고운 시어 따라 따뜻한 바람이 드나들 여유도 생겼습니다.

늘 엄마가 글 쓰는 것을 응원하는 딸과 사위, 할머니가 시인이라고 좋아하는 손녀 윤서까지 고마운 마음이

듭니다.

  출간을 망설일 때, 안소휘 시인이 함께 글을 정리해 주며 윤서 할머니, 문경이 엄마니까, 책을 만드는 게 맞는다며, 저를 다독여 줍니다.

  글을 모으며, 부끄러워 책 만드는 게 망설여진다는 저에게 책을 내는 건 생활을 기록으로 남기는 거라며 응원해 주시는 공광규 시인님께도 감사합니다.

  오래전 뇌출혈로 '오늘 밤 넘길 수 없을지도 몰라요.'라고 말하고 밤새 수술하고 지켜봐 주셔서 또 한 번의 생을 살게 해주신 서울대학교병원 신경외과 김정은 교수님께도 감사함을 전합니다.

좋은 일, 궂은일 가리지 않고 늘 응원을 아끼지 않는 소중한 친구들, 한 사람 한 사람 빛나는 별이고 예쁜 꽃으로 마음에 자리한 고귀한 이름들 늘 감사합니다.

겨울입니다. 부디 아프지 마세요.
어제보다 오늘 더 행복하길 바라는 마음입니다.
고맙습니다. 사랑합니다.

2024년 겨울

목차

서문 | 토닥토닥　4

해설 | 나와 가족과 이웃의 서사 – 공광규　136

1.

일탈　18

돌비석　19

블루스　20

응답　21

막걸리　22

예스 맨　23

너는 이름이 뭐니　24

사이　25

회귀　26

초로의 사랑　27

죽은 바퀴벌레 앞에서　28

작업복　29

있는지요	30
위로	32
오늘은 소주가 달다	33
어려운 산수	34
아이러니 1	35
아이러니 2	36
선물	37
상실	38
내 입맛은 전국구	39
머리카락이 세는 이유	40
맛없는 말	41
보이는 게 다는 아니야	42
천생 여자	43

2.

보타사 46

밥 47

소쩍새와 스님 48

예민한 동네 이름 49

아름다운 동행 50

웃음꽃 바다 밥상 51

비보 52

어부의 아내 53

렛쌈삐리리 54

괴화나무 55

샤프란 56

조각 이불 57

수락산 마당바위 58

용굴암 60

새 달력 61

쓸쓸할 땐 산으로 가자 62

산바람 63

빨간 장미와 다이아몬드 반지 64

사월의 탈의 66

봉숭아 꽃물 67

봄 68

다시 올 리 없다 69

눈물 속에 핀 꽃 70

까톡 까톡 71

감나무야 고마워 72

겨울 73

가을마다 74

가을 75

3.

오라버니 환갑 생일   78
어른 노릇   79
올케 부부   80
약속   82
새우젓 항아리   83
빨간 마음   84
보이는 대로   85
딸의 새엄마   86
내 고향 종암동 산18번지   87
기도   88
기와 불사   90
가족사진   91
가족   92

이별 93
언니 고향은 부산 94
다구 96
업(業) 98
할머니의 늙은 공부 99
유전인자 100
세한도 101
호박잎 쌈 102
홀로 먹는 밥상 103
할머니 나이 104
월드 밥상 105
구급차 106
병문안 107

4.

길고양이　110
작은 천사　112
주인 잃은 밥숟가락　113
늦잠　114
퀼트 가방　115
요양병원 다녀오는 길　116
현대다방　117
헤어샵에 앉아　118
한 끗 차이　119
그랜저 음악감상실　120
하모니카　121
커피 1　122

커피 2　123

카세트테이프　124

청소를 하며　125

예의 바른 그녀　126

쇼윈도 수다　127

소주 한 잔　128

뻔한 그 말　129

대파 바가지　130

냄비 밥　131

그 사람 닮아서　132

건망증　133

핑계　134

I.

일탈

샛서방 꿰차고 달아났다는 소문보다
더 빠르게 돌아올 수 있는 지척으로
바라만 봐도 좋은 사람하고
한 번쯤 숨어들고 싶었다

함께라면 끼니를 걸러도 좋으리니
얼굴만 비비다 돌아와도 좋으리니
알량한 지조 따위 개나 줘버리고
아무도 따라 할 수 없는 비밀스러운 짓

꿈꾸다 깨어
허탈함에 미적거리는 아침
해는 이미 늦은 봄을 넘는다

돌비석

풍상을 다 했나
인사도 없이

홀연히
앞산 양지바른 곳
새집으로 들어가던 날

그 사람 처음으로 장만한
문패

블루스

낯선 남자 손잡고
사뿐사뿐 돌고
즐거움 속에 느껴지는
긴장된 낯선 숨소리

잡은 손에 전해지는 축축함
의미 없는 미소

무거운 몸 음악에 실으면
바람처럼 가벼운 리듬
몸으로 부르는 박자
동상이몽으로 흔들리는 춤사위

문을 열고 나오자
온몸 스미는 바람에
손끝이 흔들리고 있다

응답

손님 없는 봄날 오후
만두가게 아주머니
꾸벅꾸벅 졸고 있다

저기요
저기요
만두 주세요

화들짝 놀라 깨어
손님 보내주시라 기도했더니
예쁜 손님이 오셨다고
너스레 떠는
저 능청스러운 말솜씨

막걸리

숙이 엄마
아침도 거르고 도매시장 다녀와
펴놓은 상에
검은 봉지 흰 봉지 주둥이 벌려놓는다

어제 먹던 쇠젓가락 무르팍에 쓱쓱 문대어
따라놓은 막걸리 한 사발에
봉지 속 뒤적거려 김치 한 입 베어 물고
지나가던 아낙을 불러 세운다

밥은 뜨는 둥 마는 둥 배부르다며
고추 물든 입가 웃음 짓는
그녀가 살아가는 힘
막걸리 한 잔

예스맨

보고 싶다는 한마디에
두어 시간 걸리는 먼길을 달려왔다

게장 먹고 싶다 하면 게장 담아 보내주고
겉절이 먹고 싶네 하면 담가왔다

은하에 별 보러 가자했다
쪼매 기다려 봐라 흔쾌히 대답했다

장난삼아
와 가자는 말이 없노 하니
니 내 알제? 하고 웃는다

삶은 긍정
안 될 때는 웃음이라도 크게 웃는
내 친구 그녀, 예스 맨

너는 이름이 뭐니

해마다 그 자리에 피고 져도
풀이라 여기고 무심히 지나쳤는데
어느 날 불쑥 눈에 든 작은 꽃망울
사진 찍어 야생화 동아리 물었다

개미자리 매화마름 수송나물
각기 다른 대답으로 돌아오네
이름 찾아 팻말이라도 붙여주고 싶었다

매일 만나는 장애우 혜자 씨도
이름 부르면 좋아하는데
풀꽃 이름 불러줄 수 없어 아쉬운 마음
물 뿌려 주며 묻는다

너는 이름이 뭐니?

사이

어딜 가든
딱
열 발짝 거리
그 사람과 나 사이
늘 그만큼

그가 빨리 걸으면
종종걸음 좁히고
그 사람 달처럼
휘적휘적 걸으면
나는 달그림자로 걷곤 했지

처음 잡은 손끝 온기
식어간 세월
구름 낀 하늘의 낮달 같이
내 그림자조차 생기지 않는
늘 같아도 멀어진 사이

회귀

어제의 자유는 흔적이 없고
잃어버린 몇 시간
침대에 묶인 채 주렁주렁
여러 가닥 주삿줄 달고
속수무책 찌르는 대로 뽑힌 나의 피

무거운 몸 뒤척이면서
절대로 무너지진 않을 거라고
되뇌고 되뇐 밤잠 못 들고
큰 숨 몰아쉬고 신음하다가

진통제 줄 하나 떼고
항생제 줄 하나 떼고
링거 줄 떼고
식전 약 먹고
황제 같은 거지 밥 한 그릇 비우고

퇴원하고 병원 문 나서는데
가을바람이 반긴다

초로의 사랑

'말했잖아요 내가 좋아한다고'
멋쩍은 웃음으로 못 들은 척 흘렸지만
참 설레던 그 말

어느 날 예쁜 원피스 사고
발이 작아 보이는 장식 달린 구두도 샀다
살짝 웃는 연습도 하며
거울 들여다보는 시간이 늘고
립스틱 발랐다 지웠다
머리는 아니지 아니야 밀어내어도
활화산 되어 끓어오르는 가슴

꽃 향 은은한 등나무 아래
정작 하고 싶었던 말 눌러 삼킨 채
불태우지 못하고 사그라진 숯 한 덩이
속울음만 마음에 남았어도
외롭지 않게 기억될 이름
한 잔 술로 얼버무려야 했건 열병

죽은 바퀴벌레 앞에서

손바닥만 한 작은 방
몇 년 만에 책꽂이 위치 옮기다
일이 대청소가 되었다
짬짬이 청소기 돌리고 걸레질도 했건만
언제 어디서 왔는지
책상 아래 죽은 바퀴벌레 한 마리
먼지 소복이 뒤집어쓰고
미라가 되어 있다

커피 물 끓이다 문득
매일 동동거리며 늙어가는 나도
머지않아 우주의 먼지가 되어
하느님의 빗자루에 쓸려갈지도 모른다는
아찔한 생각

작업복

흔들리는 빨랫줄
낡은 하루의 고단함이 걸렸다

바람결에 비릿한 땀내 날아간다

고요하게 깊어지는 밤
하루의 고단함도 지워진다

먼동 트는 새벽
주름 펴진 얼굴로 시작하는 새날

낡은 가방에 담겨
주인 따라나서는 멋진 옷 한 벌

있는지요

일 마치고 모두 돌아간 저녁
갈 곳 없어 서성거려 본 적 있는지요

보고 싶다 목청껏 불러도
대답 없어 돌아서 본 적 있는지요

슬픈 노래 부르다
혼자 웃어 본 적 있는지요

때론 누군가 찾아와 주길
은근히 기다려 본 적 있는지요

사는 일 참 힘겹지만
그래도 의미는 있는 거라고
희망을 품어 적 있는지요

자신을 사랑하자 다짐하고
스스로 위로하며
마음 비워본 적 있는지요

초라해 보이지 않으려고
당당하게 걸어 본 적 있는지요,

위로

하루도 쉰 날 없이
손톱같이 닳아버린 연장

오랫동안 육신에 동행하며
힘이 되어주던 붓과 헤라
쓰레기통에 휙 던지다 보니
삶이 녹아 묻은 손때 아쉬워
하얀 종이에 곱게 싸 고별식 갖는다

그동안 힘들었지?
애썼다, 고맙다

오늘은 소주가 달다

길을 가다
우연히 만난 것이 반가워
그냥
이유 없이
헌잔하자

정을 따르는 네 손도
쳐워 받는 내 손도
저절로 안부 되어 환하다

일일이 묻지 않아도
부딪히는 잔으로 전해지는
서로의 마음

어려운 산수

하나 더하기 하나는 둘인데
신혼부부 산수는
둘이 하나가 되고

하나 주면 두 개 받고
서로 나는 너의 반쪽이 된다며

슬픔은 나누면 반이 되고
기쁨은 나누면 배가 된다는

참 모호한 계산

아이러니 1

온 동네 사람들이
참 괜찮은 사람이라 말하네
배려 많은 사람이라 말하네

남들에게 관대하여 존경받는 그 사람을
텅댕이 속이라고 말하는 사람
소통이 안 된다는 유일한 사람
그의 아내

아이러니 2

그녀가 골목에 나타나면
동네 사람들 칭찬이 자자하다
식당 하면서 병든 시어른 공경 잘하고
형제간 우애 있고 아이들 잘 키운다고
바쁜 중에도
자신보다 못한 이들을 위해 봉사하고
따뜻한 커피 한 잔이라도
나눌 줄 아는 착한 심성이라고
만나는 이마다 그 여자 복받을 거라고
그녀와 사는 사람 복도 많다 하는데

그 여자와 살아 봤어요?
볼멘소리 하는 유일한 사람,
그 여자 남편

선물

좋아하는 여인이 생겼다기에
깔끔하고 멋져 보이라고
봄 셔츠 두 벌 얇은 조끼 사놓았다

그 옷 전하지도 못했는데
내게 인사도 없이
홀연히 지구를 떠났다는 부고

주인 없어진 새 옷 위로
눈물만
수정 꽃으로 차갑게 핀다

상실

사랑을 떠나왔어
아무렇지 않은 듯
미련 없이 지웠어

좋은 기억도 나쁜 기억도
남김없이 다 버렸어

후련할 줄 알았는데
잘 모르겠어

그냥
마음이 시려

내 입맛은 전국구

김치 곤드레나물 멸치볶음 생선
산골에서 바닷가에서 친구들이 보내와
밥상이 날마다 진수성찬이다

보내준 정성 한 입
맛있어서 한 입
색다른 거라고 한 입

짜도 괜찮다 싱거워도 괜찮다
사랑을 먹는 입맛
한없이 관대해진다

머리카락이 세는 이유

오이 호박 가지
유난히 다 싱싱한데
왜 안 팔릴까
바구니에 담았다가 쏟아 놓다가
무더기로 쌓았다 가지런히 펼쳐도 보는
옆집 채소가게 언니

서성거리던 손님 하필이면
오늘 없는 열무 찾고
없는 청양고추 찾는다고 투덜투덜
한숨 뱉으며 한마디 한다

장사 좀 하겠다고 이리 잔머리 쓰니
내사 점점 흰머리만 늘어난다고

맛없는 말

늦가을 양지바른 곳
화분할머니와 인영할머니
막걸릿잔 주거니 받거니 하다가
지나가던 영진할아버지 불러 세우고
어디 다녀오시오?

한잔하고 가시라는 인영할머니 말씀에
화분 할머니 펄쩍 뛰며 뱉은 한 마디
늙어빠진 영감탱이하고 누가 술을 먹을까

어이없는 표정으로 자리 떠나며
영진할아버지 휙 던지는 말씀,
할망구도 늙어빠지긴 마찬가지구먼
뭔 말을 그리 맛대가리 없게 하시오?

보이는 게 다는 아니야

비 오는 날 찾아간 길상사
성물판매소에서 작은 우산이 안쓰러웠는지
큰 우산을 빌려주었다

몇 걸음 가다 보니 사방에서 물이 툭툭
온몸을 넉넉히 가리고 남을 만큼 큰데
이상하다 왜 이러지 올려다보니

천이 삭아 사방에서 비가 새어
머리부터 발끝까지 젖었다
작은 내 우산이었으면
발만 젖고 말 일을 그랬네

천생 여자

일흔아홉 살 옥이할머니
곱게 매니큐어 바르셨다

푸성귀 다듬다 풀물 든 손톱
남 보기 부끄럽다며
수줍게 웃는
예쁜 할머니

2.

보타사

개운산 가려고 발길 닿는 대로 걷다가
잘못 든 막다른 골목

보물 1818호
금동보살 있다는 이정표 따라
찾아든 곳

인적 드문 절 마당에
소담한 붉은 꽃이
지나는 바람을 붙잡고 한들한들

골짜기를 지나온 물소리에
마음을 열어 놓고
잠시 쉬고 있었다

기도를 끝내고 나온 보살
같이 공양하자며 온화한 미소로 웃는다

목단 꽃 환한 도량에
부처님 마음 가득하다

밥

덩치 큰 사내가 탑골공원 담벼락에 쭈그려 앉아
비닐봉지 주먹밥을 꾸역꾸역 입에 넣고
식은 국물 마신다

안쓰러운 눈빛이 허공에서 부딪힐 때
'먹고 가' 사내의 작은 목소리가 옷깃을 잡는다

모락모락 김 오르는
하얀 쌀밥 한 사발 주고 싶다

소쩍새와 스님

홀로 계신 산골 처소에 소쩍새 부화하고
보송보송 네 마리 아기소쩍새 이소하던 날
날갯짓 서툴러 따라가지 못하고
바닥에 떨어진 한 마리
산고양이 들쥐 채어 갈까 안으로 들인 스님
새벽이슬 맞으며 풀벌레 잡아 먹이고
쇠고기 사다 갈아 먹이고
녹음한 어미 새 소리 들려주며
손바닥에 올리고 비행 연습시켰다는데
일주일쯤 지나
소쩍새 두 마리 번갈아 날아와
큰 나무 위에 앉아 지켜보더라 하네
몇 번을 곤두박질치는가 싶더니
한순간 휘익, 아기소쩍새 날아가고
스님 머리 위로 어미 새 빙빙 돌다 갔다네
한참 허공을 보다가
당연한데 왠지 눈물 났다는 스님

예민한 동네 이름

가을빛에 홀려
신도시 낯선 동네 궁암천변 걸었다
실개천 흐르는 물처럼
끝없는 우리들의 이야기
한참을 풀다 보니 길을 잃었다

길 좀 물어요, 여기가 별내면인가요?

휙 돌아보는 젊은 남녀
아니요, 여긴 별내면 아니고
별내동입니다
별내동!

길은 가르쳐 주지 않고
힐끗거리며 지나간다

그 참 별나다
면과 동이 그렇게 큰 문제인가
외지인은 몰랐던
동네 이름 별내동

아름다운 동행

노원구 중계동 104번지
골목에 웃음꽃이 피었다
누군가 연탄을 기증했는데
배달할 사람이 없다는 소식에
우르르 달려와 한마음이 된 사람들
누구는 앞치마 두르고
누구는 조끼를 입고
땀을 흘린다
좁은 골목 한 줄로 길게 늘어서
한 장씩 건네는 서툰 연탄 배달부
수레도 갈 수 없는 비탈진 골목
한겨울 동장군도 녹일 연탄을
두어 장씩 지게로 지어 나른다
지붕 낮은 처마 아래
삐뚤빼뚤 채워지는 온기
용광로 열기처럼 뜨겁다
늦가을 비 내린 좁다란 골목
크고 작은 검은 발자국
따뜻하게 찍힌다

웃음꽃 바다 밥상

벗, 내가
바다를 좀 퍼서 보냈거든
요리는 그대 몫
맛나게 드셔

짧은 메모의 커다란 소포 박스에
곱게도 손질한 숭어 가자미
이름도 모르는 바닷고기들
공판장에 갔더라면
그 집 쌀도 되고 돈도 되었을
살뜰한 친구의 짭짤한 바다

굽고 지지고 튀긴 생선
온 가족 둘러앉은 밥상에
파도 소리 닮은 웃음소리 출렁인다

비보

입춘이라 해도
꽃샘추위 남아 있고
아직 불기운 필요한데

어제 종일 잘 쓰고 꺼둔 난로
아침에 작동이 안 된다
기술자도 못 고친다니
아쉽다

술 곁들인 저녁상에
웃음 피우고 헤어진 친구

잠자리서 영영 못 일어났다는
비보 받은 아침
많이 더 살아도 될 나이
어이없고 안타까운 아침

어쿠의 아내

든바다 나가
어망 펼쳐 던져 놓고
가자미 물메기 올망졸망 올라올
고기떼 기다리며
잠시 일손 놓고 뱃전에 누우면
어부 남편 따라 살아온 고기잡이 35년
물결 따라 흐른다 하네

우리 사는 일
세찬 바람 불고 파도 거친 날
어디 한두 번이었으리

그래도
오늘처럼 잔잔한 파도에 누워 별 헤는 날은
만선의 꿈에 새벽이 기다려진다는
너스레로 안부 전하는
통영 사는 내 친구

렛쌈삐리리

몸보다 더 크고 무거운 짐
온몸으로 지고 설산을 오르다
잠시 숨 고르는 포터들
초겨울인데도 얇은 외투 낡은 슬리퍼
무겁게 걷다 지칠 때쯤
누가 먼저랄 것도 없이
끊임없이 이어 부르던 노래

렛삼 삐리리 렛삼 삐리리
우데아자우끼 다다마 번장 렛삼삐리리
그대를 향한 내 마음 감출 수 없어
사랑스러운 그대에게 나비처럼 날아가고파

미르거라 머 이레따게코 호이너 마라다이다께꼬
한 발 두 발 그대 곁으로 더 가까이 가고파

여행자 무거운 짐 대신 짊어지고도
목청껏 떼창하며 고달픔도 잊는 사람들
수줍게 웃으며 함께 부르던 렛삼삐리리
안나푸르나 산자락에 퍼진다

괴화나무

가을비 내리는 늦은 오후
인사동 바람 부는 섬에 앉아 창밖을 본다

연둣빛 감도는 아이보리 빛깔꽃
향기 은은한 나무의 여름을 기억한다

초록 잎 돋아나며 꽃 진 자리마다
염주알처럼 조롱조롱 열매 매달고

꽃은 차로 달여 마음을 다스리고
열매 껍질 뿌리 무엇 하나 헛됨 없이
몸을 다스리는 나무

저무는 풍경 속에서 돋보이는 괴화나무
가을이 익어간다

괴화나무처럼 나도 익어가고 싶다

샤프란

지난해 얻어 온 씨앗 한 줌
옥상 빈 화분에 뿌려놓고 잊었다

겨우내 찬바람 머물던 자리
안부처럼 햇살도 놀다 갔는지
봄비 오시고 햇볕 좋은 날
빨래 널러 올라갔다
어머나! 깜짝 놀랐네

순 올라온 것도 몰랐는데
어느새 꽃까지 피었구나

조각 이불

작은 천 조각 잇대어
한 땀 한 땀 손끝으로
시간을 이어붙였다
눈물과 웃음은 저마다의 꽃으로 피어
색색의 꽃밭으로 환하다

어긋난 인생 꿰맞추듯
밀고 당기고 꿰매놓은 조각 이불
수많은 바람 재우고
세월을 엮은 이름

알 수 없는 막막함을
떨리던 손과 바늘은 알았을까

어느새 포근하고 넓은 마음이 되어
온몸 감싸고도 남는 여운

수락산 마당바위

물어물어 찾아간 좁은 골목 막다른 집
상투 틀어 올리고 턱수염 길게 기른
종로에선 꽤 소문났다는
키 작은 젊은 도사가 사네

내 전생은
깊은 골짜기 넓고 커다란 바위였다고
떨어진 나뭇잎 앉았다 가고
지나가던 구름도 머물다 갔다 하네

그 바위 햇살 내려앉는 시간
작은 짐승들 몸 말리고
새들도 노래했다 하네

큰비 내리면 폭포 같은 물소리 철철 흐르고
덕지덕지 이끼가 붙곤 했다는 너른 바위
다 보듬느라 힘들어도
늘 그 자리 묵묵히 지킨다네

아홉 식구 다 떠나보내고

홀가분하다가도

문득 쓸쓸해지면

터벅터벅 찾아가 잠시 쉬곤 하는 마당바위

용굴암

수락산 정상 아래 작은 암자
민비가 피난 와서 묵었다는 곳
부처님 오신 날 연등 구경 갔다

공양하고 가라는 스님 안내에
동굴 암자까지 돌아보았다

세탁기 없어 손빨래하고
불 때서 밥 짓는 암자의
부엌은 그을음 투정이었다

공양 받은 것이 고마워서
반찬통 김치통 소쿠리 큰 그릇
친구들과 만든 빨랫비누까지
전해드리고 내려오는데
등 뒤에서 노스님 큰소리로 외치신다

부처님이 따로 있나요
보살님들 마음이 부처지요

새 달력

한 해가 끝나갈 때쯤 연중행사
은행에서 배포하는 달력 받으러
눈턱 닳도록 찾아갔다

어려서 듣던 할머니의 개똥철학
은행 달력이 먼저 들어와야
돌아오는 새해 쪼들리지 않는다는 믿음

벽에 새로 걸리는 365일 칸칸마다
무탈하길 바라는 기도가 있고
새롭게 꾸는 희망이 있다

할머니 방 벽면 하나 차지하던
숫자 커다란 달력
슨 없는 이삿날 표시가 있고
장 담그는 말날도 있다

펼쳐 놓은 희망이 허전함으로 남는다고 해도
소중한 날 행여 잊을까
일일이 표시하는 작은 설렘

쓸쓸할 땐 산으로 가자

혼자라고 외롭다, 외롭다 하지 마
고개 들어 먼 산을 바라봐
나무들도 간격을 두고 서 있잖아

나무는 살을 비비지도 않고
서로 상처 줄까 봐 조심조심
적당한 사이를 두고
거센 바람에도 혼자 견디고
다만 서로 바라볼 뿐이지

낙엽이 지고 훌훌 떠나가도
슬퍼하지도 눈물짓지도 않아

종소리처럼 멀어지는 낙엽에
가만히 가지 흔들어 인사할 뿐
붙잡지도 막지도 않아
바람 따라 손만 잡았다 놓았다

쓸쓸할 때는 산으로 가자

산바람

턱에 닿은 숨을 고르는데
능선을 넘고 재를 돌아
어느새
산봉우리까지 따라왔다

머리카락 쓸어 올리는 이마 어루만져 주고
땀 젖은 등 가만히 쓰다듬어 주고는
인사도 없이 골짜기로 내려가는
고마운 손

빨간 장미와 다이아몬드 반지

금은보석 다이아몬드
넉넉한 결혼 예물 받았다

사는 일 원래 다 그런건가
원하는 대로만 가지 않아
힘든 고개 넘을 때마다 하나씩 팔다 보니
가락지 하나 남지 않았다

결혼한 지 20년 되던 날
남편이 불러 나가니
나이만큼의 장미와
다이아몬드 반지가 기다리고 있었다
표현 못 한 마음은 늘 미안했다고
고생 많았다 고맙다
짧은 메모와 함께

손마다 굵어지고
지금은 서랍에 잠자는 반지
가만히 어루만져 본다

이 반지 끼면
행여 고왔던 청춘의 빛 되살아날까
추억도 영원히 찬란할까
남은 생 따뜻하게 껴안아 줄까

사월의 탈의

그는 답답함을 해결해 주는
백과사전 같은 존재였다
초롱초롱한 눈에 장난기 섞어
무엇이든 물어보라 말하곤 했다

낙엽처럼 병색이 짙어지고
놀랍던 기억력도 쇠퇴하고
몸이 점점 가라앉는다며 한숨 쉬던 날

떠날 때가 되었나 보다고 조용히 말했다
어디로 갈 거냐는 물음에
자기도 모른다고 쓸쓸히 웃었다

긴 그림자 물고 있던 시간 지나고
다시 온 봄에
생의 옷 벗어버린 사람

봉숭아 꽃물

녹슨 대문 앞 햇볕에 나앉은 할머니
손톱을 깎다 생살을 집었는지
빨간 핏자국 보인다

가방 속 밴드 꺼내 붙여 드리고
쫘아 드릴까요 하니
할 일 없는데 가만가만 내가 깎지요

세월 빠져나간 손끝에
발간 손톱은 봉숭아 꽃물
저승길 밝으라고 들이셨단다

상강 지나 입동을 향해 가는
하늘길에 뜬 낮달처럼
엷게 웃으시는 할머니

천생 여자

봄

봉오리 한 움큼 따
꽃차를 만들었네

찻잔에 우러난
꽃향기 날아가니
저만치 세월도 간다

짧
은
이
청
춘

다시 올 리 없다

건너편 집 대추나무에
이른 아침부터 참새 떼 날아와
재재 재재재 나를 부른다

간밤 뒤척이다가
꿈에 보았던 그 사람
문밖에 서성거렸나

새처럼 자유롭게 떠난 그 사람
다시 올 리 없는데

눈물 속에 핀 꽃

다섯 송이 웃음꽃
기적같이 피워놓고
친구는 말없이 이승을 떴다

갈 땐 줄 수 있는 모든 것
누구에게라도 다 주고 갈 거야
늘 하던 그 말 고이 기려
장기는 기증되었다

이 봄 어디선가
환하게 피고 있을
그이의 선한 웃음

까톡 까톡

십일월 어느 날 오후
비 갠 하늘 예쁘다고
잠시 일손 놓고 올려보란다
아무리 바빠도
물든 가로수길 걸어보란다
흠뻑 젖은 낙엽에도 눈길 주란다
구름의 사생대회도 올려보란다
가을 수채화 담아
시인의 마음 전하는
우리의 전령사
까톡 까톡

감나무야 고마워

부모님 일찍 여의고
고학하던 학창시절
마당 한쪽에 부모님 심으신
담장을 넘는 감나무 한 그루 있었다

공부하다 일하다 지치면
툭툭 발로 차며 엄마 그립다
부둥켜안고 눈물 한 바가지 쏟고 나면
나뭇가지 흔들어 눈물 닦아주던 친구

수 없는 투정 귀찮기도 했을 텐데
애쓴다 위로하고 칭찬하는 엄마처럼
다디단 홍시를 주던 감나무

나이 들고 철들어
인사하러 찾아가니
재개발로 그 집 헐리고
흔적도 없이 사라졌더라

겨울

생선가게 이씨 아저씨
비싼 생태 한 박스
좌판에 늘어놓자
버석버석 동태가 되었다

손도 마음도 얼었다 녹았다
아저씨 낯빛은
점점 황태가 되어 간다

저녁 바람이 차다

가을마다

이별이 별건가요
흔들리고 흔들리다
툭!
떨어지면 그만인걸요

대롱대롱
찬바람 불 때까지 흔들리다
툭! 떨어지면 그만인걸요

별것도 아닌데
떨어진 자리마다
그렁그렁 눈물방울
혼전만전

가을

손잡고 오르내리던 수락산 등산로에
당신 좋아하던 구절초 피었습니다
환하게 웃던 그대를 닮았습니다

꽃 피었네 전화하고 싶었습니다
툭 닿을 줄 알면서도 그러고 싶었습니다

소리 없는 그리움 피어납니다
구름처럼 뭉글뭉글 피어납니다

마음 한 점 구름 위에 얹어 봅니다
오늘은 참 많이 보고 싶다고

3.

오라버니 환갑 생일

생일이면 오 남매 모여 함께 밥을 먹는데
다른 날도 아닌 환갑 생일에
오빠가 집을 나가 연락 두절이다

생일에 미역국을 끓이면
상복 입을 운이라 했다나 뭐라나

부모님 이미 다 돌아가셨는데
상복은 무슨 하고 보니
여동생 여러 차례 수술하고 입원 중이라
점쟁이 말 믿는 건 아니어도
불길한 생각이 드셨건 게지

환갑 생일 아침도 굶었건만
동생은 기어이 하늘로 가고
할 수 있는 사람의 힘 다해도
끝내 동생 하나 잡지 못했다며
장남 오라버니 꺼이꺼이 울었다

어른 노릇

첫 손주 출산했다는 소식에
거창에서
서둘러 첫 기차 탔다지요

땀 젖은 며느리 손
기쁨과 안쓰러움으로 잡아주고
유리창 너머로 눈도 못 뜬 손주 얼굴 보고는

하룻밤 쉬어 가라는 말도 마다하고
사백 킬로를 돌아가는
사돈 내외

올케부부

살아온 환경과
좋아하는 사람의 적도가 달랐기에
시집온 올케 식구들과 사이가 소원했다

손주 다섯을 돌본 시할머니
어린 시동생이 함께 살았던 올케의 신혼

좁은 집만큼이나 점점 좁아져가는 마음으로
불편하고 고단했던 시간
서로 참을 만큼 참았다 할 때쯤 한번씩 폭발했다

서로 비난하다가 화해하길 반복하며
서로에게 물들어갈 때쯤

마음은 손바닥으로 가릴 수 없을 만큼 넓어져
속이 보이고 작은 거 하나도
역지사지 마음으로 이해했다

사소한 것이 감사함에 익숙해질 때쯤
올케 내외는 귀하디 귀한 효부상을 받았다

지리산 상고대보다 멋지고
일출보다 환하고 노을보다 아름다운 풍광

단상에 올라가 효부상 받으며 수줍게 서 있던
두 사람

약속

어버이날 딸이 들고 온
돈 봉투 속에 함께 든 짧은 메모

엄마
늘
감사합니다
한없이 받은 사랑
이생에서는
다 갚을 수가 없으니
다음 생엔 꼭
제 딸로 태어나주세요

전생에 나는 딸의 딸이었나보다

새우젓 항아리

할머니 아끼시던 새우젓 항아리
허물어진 연탄아궁이 고칠 때
부뚜막에 묻어 두고
뜨거운 물 쓰곤 했다

추운 날 하루를 씻어내고
설거지 마치고 잠자리 들 때
항아리 물 채워졌나 살펴야 했다

집수리 공사 때 파내면서 실금이 가
꽥장이 아저씨가 수리하고 간 어느 겨울
찬비 내려 가득 찬 물 미처 퍼내지 못하고
밤새 얼어터졌다

식구들 뿔뿔이 흩어진 지금
할머니도 항아리도 우리 곁에 없다

빨간 마음

친구가 밀었다고 다쳐온 손녀에게
너도 확 밀지 그랬어? 했더니
어, 그건 나쁜 마음인데요?
그러면 마음이 까매져요, 할머니

할 말이 없어 물끄러미 쳐다보다가

친구 혼내주라는 할머니 보며
무슨 생각 드느냐 물으니
빨간 마음이요, 한다
너 화났니? 물으니
아니요, 할머니는 하트 마음이니까요

아, 하트!
삶에 덕지덕지 때 묻어 잊고 살았다
그 붉었던 조건 없는 사랑

보이는 대로

여섯 살 조카가 삼촌을 부른다
큰삼촌!
으응, 대답하는 삼촌에게
아니잖아, 작은삼촌이면서

이번에는 작은삼촌 부른다
예? 하고 대답하는 삼촌에게
울 것 같은 얼굴로
아니잖아, 큰삼촌이잖아

딸의 새엄마

신혼여행에서 돌아온 딸
시어머니 준비한 바가지를
소리 나게 밟아 깨고
시댁 문지방 넘었다지

나쁜 기운 놀라 다 달아났다고
웃음으로 맞는 새 가족들

모든 게 낯설고
시어미가 친정엄마 같겠냐
잘 지내보자 당부하며 웃으셨다지

붉은 팥 넣은 찰밥 고봉으로 올려주며
인연 끈에 탈 없길 바란다며
환한 미소 지였다는
안사돈, 딸의 새엄마

내 고향 종암동 산18번지

정릉천 흐르는 종암동 산13번지
미루나무 벚나무 나란히 서 있던 냇가
언덕 위로 춘천행 열차
하루에 몇 번씩 지나다녔지

엄마는 이불 홑청 머리에 이고 나가
흐르는 맑은 물에 방망이질하고
우리는 물장구치고 놀았다

소련처럼 하얀 원피스 즐겨 입으시던 엄마
떨어진 꽃잎처럼 떠나시고
신발 떠내려 보내고 혼나던 친구도
어디론가 떠나버린 고향

물길마저 말라버린 그 길 걸어
큰어머니 마지막 뵙고 오는데
홑청 휘날리던 비탈길에 비가 내린다
아롱아롱 벚꽃 비 내린다

기도

스물다섯 살에
십자가와 성경에 손 얹고 결혼을 하고
하느님 말씀대로 선하게 살려고 노력했어

절에 다니시는 시어른들 모시고
부처님 전에 예불도 드렸지

신이여 늘 제게 머물러
자꾸 넘어지는 나약한 나 붙들어 달라고
참 많은 날 무릎 꿇었지

세상에 둘도 없이 강하다는 그분께
계시긴 하는 거냐고 삿대질하며 덤비기도 했지

어쩜 쓰러져 숨넘어가는 직전까지도
그렇게도 몰라라 하시는지
일어서고 견디고 이겨내는 건 순전히 내 몫

언제부터인가
하느님 예수님 부처님

아무도 내 마음에 두지 않았어
오직 내 주먹과 튼튼한 다리에 의지할 뿐

그래도 허전해지면
하늘 올려다보고 혼잣말 지껄이지

가시지요, 제 마음?

기와 불사

가야산 내려오다 닿은 해인사
종교 상관없이 기와 불사 보시했다
한 장에
어린 가장 되어 힘들었던 오빠 이름 쓰고
또 한 장에는
젖배 곯은 막냇동생 이름을 쓴다

한 자 한 자 또박또박
남은 생 무탈하길 바라는 마음
정성 들여 한 편에 세워 놓으니

마음의 걱정
조금은 내려놓은 듯
위안이 되고 뿌듯하다

가족사진

할아버지 회갑 잔치에 찍은 가족사진
각기 다른 사연으로
세상 떠난 사람들

하나씩 지우다 보니
할머니도 엄마도 지워지고
동생도 안 보인다

빼곡하던 사진 속
지워진 이름이 가물거려 슬프다

가족

정월 보름날 오곡밥을 짓는다

나 좋아하는 콩 넣다가
딸이 싫어하니 그냥 뺄까
나는 싫지만 그이가 좋아하는
보리 한 줌 우선 넣고
아버지 좋아하시는 팥
어머니는 생목 오른다고 싫어하시니 어쩌나
하다 어머니 좋아하시는 기장 섞으니
개성 강한 식구들 성깔이 선명하다

그냥 하얀 쌀밥 지을까
에잇, 그래도 대보름인데
별미 한 끼 먹어보자고
있는 대로 다 섞어 밥을 지었다

가족은 잡곡밥 같은 것
모양도 색깔도 달라도 너무 다른
그래서 튼튼해지는 것
점점 풍성해지는 화원 같은 것

이별

신음 삼키느라 일그러진 얼굴 간데없고
환한 미소로 웃는 영정 마주하고 돌아서는 길
이승에서 네 이름으로 차린 마지막 상이라며
목축이고 가라고 잡는 손길 있어
주저앉아 그대 좋아하던 커피 한 잔 마셨다

여행 가는 길
지루하면 담배 한 대 피워 물고
좋아하던 노랫가락 흥얼거리며 가게나
가끔은 우리가 함께했던 늘들도
돌아보며 내 이름자도 불러주게나

잘 가게,
많이 보고 싶을 사람
걷잡을 수 없는 슬픔을 달래줄 것 같은 그대
안녕

언니 고향은 부산

잘 지내지 하면
나 괜찮아 서울 식구들 별일 없지 묻는
칠순을 바라보는 언니

언니는 사춘기 때 친구와 서울에서
기차 타고 가장 먼 곳을 찾아 떠났다
파도가 좋아 정착하게 되었다는 부산

타지에서 살아오는 동안
보지 않아도 그 삶이 힘들지 않았다고
어찌 생각할 수 있을까

가족을 떠나 홀로 겪었을 수많은 시련
부산 토박이 형부를 만나 결혼을 하고
살아내느라 정성을 들인 세월

슬픈 날은 슬픈 대로 그리웠고
기쁜 날은 기쁜 대로 보고 싶었다고

촉촉한 목소리로 말하는 언니

들에 핀 풀 한 포기도 씨앗이 떨어진 자리에서
비바람에 흔들리다가도 햇볕에 힘을 내
여린 줄기 곧추세워 뿌리내리는데

부산 이젠 설렘도 두려움도 사라지고
애쓰며 버텨내던 시간도 파도에 지워졌다고
허허롭게 웃는 언니

다구

아버님 돌아가시고
어머님 잘못 선 보증에 살림 기울어
덜 필요한 물건 버리고 이사했다

커피를 좋아해 바리스타 꿈꾸던 나
시부모님 좋아하시던 진품 보이차
청차 백차 흑차 다 버리고 남긴
연애 시절 다방에서 즐겨 마시던 홍차

격불하면 초록 유화 몽글몽글 피는
말차 젓던 차선 쓸모없다 버리고
덩달아 다기 찻잔 거름망 숙우
다관 개완까지 아낌없이 버렸다

나이 들고 옛것 그리워진 날
인사동 전통찻집에서 마주한 보이차
그 순한 맛에 빠져
예쁜 다기 한 세트 장만했다

또르르르 또르르르
똑
뚝
찻잔에 떨어지는 물소리가 좋아
가까이 두고 자주 마시다 보니
젊은 날 무지로 무례하게 내다버린
어른의 손때 묻은 다구
자주 눈에 어른거리며 피어나는 그리움

업(業)

조상 음덕으로 복 받는 거랬지

아니 아니야
빠름빠름, 엘티이 시대

업도 빠르게 와서
내가 뿌리고 내가 받는 세상

할머니의 늦은 공부

미장원 문 닫는 시간 10분 전
머리를 염색을 마치고
미장원에서 나오켜는데
공부하느라고 늦었다며
극급하게 들어서는 할머니

못 배운 한글 공부하시는 줄 알고
멋진 열정 대단하시다 추켜세우니
깔깔 웃으신다

경로당 100원 내기 동양화 공부가
도낏자루 썩는 줄 모르고
세월을 보내게 한다며

늙은이들 놀이엔 화투가 최고여
환하게 웃는 얼굴에 목단화 향기 묻어난다

유전인자

밥상을 앞에 두고 딴청 하는 손녀

윤서야 입맛이 없니
아니요

왜 밥을 잘 안 먹고
뒤적거리고 있어서

할머니 저는 콩반찬은 좋은데
콩밥이 싫어서요
모습은 아빠를 닮았는데
입맛은 엄마를 닮았데요

복숭아도 껍질 벗겨주셔야 해요

세한도

커다란 액자에 담겨
넓은 거실 빛내던 그림 한 폭
오래되고 몇 점 안 되는 귀한 복사본이라고
시아버지 말씀하시곤 했다

그림 속 소나무
한겨울 눈 속에서 푸르름 잃지 않아
힘든 순간 당당함을 지키게 하던
값진 그림이었다

여러 번 이사 다니다
어느 때부터 걸 곳조차 없는
좁은 집 큰 액자 부담되어
좋은 날 오면 다시 표구하리라
그림만 오려두었다

걸린 적 없는 그림은 사라지고
기억 속에 살아있는
아쉬운 그림 한 점

호박잎 쌈

잎 맥 서로 비껴가며
부딪힐 일 없이 키워낸 이파리
흙내 나는 시골스러운 맛이 좋다

친구네 텃밭에서
손바닥만 한 작은 잎 한 줌 따왔다

김 올려 살짝 쪄낸 잎에 강된장 얹고
밥 한술 올려 쌈을 싸 입에 넣으니
호박꽃 같은 네가 보인다

홀로 먹는 밥상

현미 누룽지 몇 조각
하얀 사발에
끓인 물 붓고
총각김치 한 조각 꺼내 놓았다
라디오 볼륨 크게 올리고
책상으로 옮겨 앉아 한술 뜨는데
때마침 나오는
축배의 노래
리듬 따라 숟가락 놀림 빨라지고
즐겁게 웃는 밥상

그런대로 괜찮다

할머니 나이

노인 유치원 가기 싫다고
주저앉아 떼쓰는 황 씨 할머니에게
옆집 93세 김 씨 할머니가
댁은 지금 몇 살이요 물었다

나요? 몇 살이냐고?
왜 여자 나이를 묻고 지랄이야
나는 찹쌀이야 찹쌀!

이집 저집 아낙들
웃음꽃 팡! 터졌다

월드 밥상

생일 밥 먹자고
맛집 찾았다

정식 시키고 메뉴판을 보니

소고기는 호주산
홍어는 칠레산
김치는 중국산
두부는 미국산
새우는 네덜란드
쌀은 국내산

오붓하고 싶은 내 생각 상관없이
지구인 모두 북적거리며
차려낸 생일 밥상

구급차

삐용 삐용 삐용
신호음 울부짖음에 희망의 끈을 잡고
차창 밖으로 주문을 왼다
비켜, 제발 비켜주세요

차와 차 사이를 곡예 하듯 뚫는 구급차

산소 호흡기에 의지하여
가물거리는 의식 지켜보며

입에 붙은 말
비켜, 비켜주세요
제발

병문안

오래 입원 중인
동생 보고 오는 길
익숙해질 때도 되었건만
병원 모퉁이 돌아설 때
떼어 놓는 발자국마다
샘물 솟듯 어김없이 담기는 눈물

그새 기다릴 동생 뻔해서
아프고 슬픈 내 발걸음

4

길고양이

네 마리 새끼 낳은 고양이가
거처 옮기며 놓친 한 마리
내 곁에 남아 노숙을 했다

먹이를 주어도 먹지 못하고
작은 기척에도 숨기를 반복하며
두려움에 가득 찬 눈빛

어린 날 한꺼번에 부모님 잃고
주눅 들어 살던 내 모습 같아 슬펐다

제발 먹어라 사정사정
빵 부스러기 우유 주어도 입도 대지 않더니
소시지 통조림 잘게 썰어 놓으니 다 먹었다

그렇게 여러 날 지내다
장맛비 며칠 퍼부은 후
온다 간다는 소리 없이 사라졌다

먹고 남은 치킨 조각 싸 들고 온 날
늘 있던 자리 펼쳐 놓고
야옹아 야옹아 불러 보고 돌아섰다

몇 시간 후에 보니
언제 다녀갔는지 빈 그릇 깨끗하다

작은 천사

휠체어를 타고 달리는 그녀
바쁜 동네 사람들 또 다른 발이 되어
자질구레한 심부름해주지

손에 든 작은 보따리라도 보이면
무릎에 얹고 그 집 앞에 달려가 내려놓지

고맙다는 인사에 오히려
기쁘게 일할 수 있게 해주어 감사하다며
활짝 웃는 착한 영자 씨

주인 잃은 밥숟가락

한쪽 벽 허물어져 내린 시골집
안사람 보낸 영감님
늙은 집처럼 혼자 살았다

바깥 향한 문 걸고
마음 봉하고 살다가
홀연히 세상 떠났다

낡아빠진 대문에 걸린 숟가락 하나
바람도 맞고
비에도 젖고

떠나간 주인처럼 늘슬어
자물쇠 없는 대문
빗장 걸렸다

늦잠

할 일도 갈 곳도 없는 일요일
아침 6시 40분
평일 일어나던 시간
습관 된 몸이 잠을 깬다

학교도 안 가는 일요일
쓸데없이 일찍 일어나 설쳐댄다고
야단치시던 우리 엄마 그립다

몸의 기억은 어떻게 바꾸어야 하나
일요일은 늦잠 좀 자고 싶은데

퀼트 가방

-가방 내려놓고 먹어
-안 돼. 누가 집어가
-기저귀 가방 같은 걸 누가 집어가
-무슨 소리, 이거 똥이야

가방 끌어안고 정색하는 그녀 보고
똥, 하하 웃었다

돈 없다고 늘 툴툴거리는 그녀
가방은 똥이라는데
가방값은 천금

한 땀 한 땀 꿰맨
세상에 하나뿐인 내 가방은
그래도 늘 현금이 들었다으

요양병원 다녀오는 길

예쁜 것 좋아하고 꾸미기 좋아하여
쌍꺼풀 수술까지 한
그 두 눈 부릅뜨고도
밥그릇도 못 보고 더듬는 그녀

꾸역꾸역 밀어 넣는 밥숟가락 사이
하얀 밥알 눈물 되어 툭툭 떨어진다

아무것도 해줄 수 없어 안타깝기만 한데
'또 올 거지?'
'꼭 와'

낙엽처럼 가벼워진 그녀 두고 돌아오는 길
억장이 무너져 울었다
작살비 같은 눈물 쏟으며
꺼억꺼억 울었다

현대다방

문 열고 들어서면 어서 오세요
반갑게 웃음으로 맞아주고
묻지 않아도
친구 먼저 와 저기 앉아 있어요
손끝으로 알려 주던
올림머리에 한복 곱게 입은 마담
치마 끝자락 한 손으로 잡고
손님들 사이로 천천히 걸어 다니며
재떨이도 비우고 엽차도 챙겨주던

가끔은 두어 잔 커피 서비스도 내오고
홍차색이 예뻤고
수란을 잘하던 다방

멀리 끝까지 같이 가자던
청춘의 약속은 간데없고
그 시절 친구들 하나둘 떠나고
다만 그리움만 남은
그 다방
그때 그 자리 지금도 잘 있을까

헤어샵에 앉아

가운을 입고 고개를 숙인 채
그녀 손에 머리를 맡긴다

사삭 사삭 스르륵
사삭 사삭 스륵

머리칼이 잘려 어깨를 치고
바닥에 떨어지는 소리를 듣는다

그녀 가위 놀음에 잘려나가는 머리카락
점점 가벼워지는 몸

내 작은 마음에 꾸역꾸역 채운
부질없는 욕심

툭 내려놓지 못해
고단한 미련들

헤어디자이너 가위 빌려
숨벙 숨벙 잘라버리고 싶다

한끗차이

들어오고 나가고
나가고 들어오고
문전성시
대박집

끄덕끄덕 졸고 있다
바스락 소리에도
화들짝 놀라 인사하는
쪽박집

골목 어귀 식당 두 집
한 걸음 차이

그랜저 음악감상실

뭐해? 경순이 은성이도 온다 하니
공원주차장으로 나와
친구는 시원한 커피도 가져 왔단다

그녀는 며칠 전 새 차를 샀다
음향이 좋아 듣기 좋다며
우리들 좋아하는 음악을 챙겨 왔다

노래 가사는 구구절절 우리 인생이고
내 삶이라며 웃었다

굳이 시키지 않아도 노래에 입술을 포개
합창으로 따라 부르며 로열석에서 즐긴
야밤 즐거운 콘서트였다

하모니카

중학교 2학년 때 음악 선생님 들려주신 하모니카
배우고 싶었다

세월 흐르고 잊고 살다가
지천명에 우연히 배우게 된 하모니카

여행 떠나며 챙겨 갔다

설산을 걷다 지친 일행 앞에
가만가만 정성으로 불어준 노래
모두 좋아한다

행복한 시간 준 하모니카
여기저기 찌그러진 흔적 남았어도
내게 준 가장 귀한 선물이다

커피 1

한 사람 사랑하다 헤어진
떨떠름한 세상살이보다 덜 쓰다며
밥 먹듯 마시는 에스프레소

인생 닮은
그 맛
참
달다

커피 2

까맣게 속이 타는 날은
에스프레소 한 잔

힘든 일 마치고 돌아서
아이스 아메리카노 한 잔

그대와 마주 앉아 마시는
한 잔의 달달한 라떼

더할 것도 뺄 것도 없이
종이컵에 타 마시는 믹스 커피 한 잔

정답 없는 인생의 신맛 쓴맛 단맛
우리를 위로하는 한잔의 커피

카세트테이프

작은 소리주머니는
시간을 거슬러 돌려놓았다
잊은 건 아니어도
먼 기억 속에만 있는 친구

녹음된 테이프에서 노래 부른다
같은 노래인데도
어떤 날은 슬프고 어떤 날은 즐거운
그의 목소리

저물도록 가을비 내리는데
떠난 사람이 남긴 목소리
듣다 보니 눈시울만 자꾸 젖는다

청소를 하며

일 년에 한두 번 쓸까 말까 해도
들었다 놨다 새 거라서 못 버리고
낡았다고 던졌다가도
당장 쓸 물건이라 다시 줍기를 반복

버리는 것조차 참 힘든 일

예의 바른 그녀

빨간 플라스틱 의자에
엉덩이만 걸친 여자가 졸고 있다
앞으로 옆으로 끄덕 끄덕
연신 절을 한다

안녕하세요
안녕하세요
동네 어른이라도 만났나
머리에 꽂힌 햇빛도 기웃거린다

쇼윈도 수다

옷가게 주인 퇴근하고
밤새도록 떠들고 있다

예쁘다며 만져주고 간 아가씨
타박만 하다 돌아간 아줌마

자기 취향 아니라며 휙 던진 이야기
멋진 임 따라간 옆 친구 이야기

밤새도록 속닥대다
늦잠 들까 걱정을 한다

소주 한 잔

사소한 일로 다투고
몇 날 소원했던 아내와
주거니 받거니
잔 부딪히며 마신 술
섭섭한 마음
술, 술
무장해제 되는 시간
술이 권하는 화해

뻔한 그 말

만날 때마다 달콤한 말 건네는 사람
오우 아름다워요
오늘은 더 예뻐요
별말씀을요, 손사래 치며
늘 듣는 인사

그러다 어느 날 아무 말 없으면
무슨 일 있나 어디 아픈건가
공연히 걱정도 된다

새 옷 입었는데 중얼거리며
속물 같은 마음에 섭섭해서
예뻐요 오늘
정말 아름다워요

스스로 해보는 하얀 거짓말
거울 속의 내가 웃고 있다

대파 바가지

몸값이 금값이라더니
대형마트 개업에
대파 값이 폭락을 했네

온 동네 아낙들
대파 사러 온 길에
두부 사고 생선 사고

오늘만 세일이라고
외치는 점원 소리에
다발로 뭉치로 사놓고
삼만 원에 바가지 하나 사은품 준다 하니
금액 채우느라 두리번두리번

작은 장바구니 카트로 변하게 한
미끼 상품이었구나

냄비 밥

종일 내린 비로
뚝
뚝
뚝
낙숫물 소리가
발걸음 소리로 들리는
저녁
한 줌 쌀을 불려 냄비 밥을 짓네

뚜껑을 열면
모락모락 오르는 수증기 따라
옛 그림자들
하얗게 모여든다네

혼자 서럽게 먹는
고슬고슬 냄비 밥

그 사람 닮아서

딱, 심장이 멈추는 줄 알았어
앞에 가던 사람 뒤돌아보는데
어쩜 그렇게 닮을 수가 있는지

주저앉을 뻔한 그 자리
한참 섰다가
집으로 돌아오는 길

능소화 핀 골목 집 담장 아래서
하늘 한 번 쳐다보았네
늘 위로하던 그 사람
거기 있잖아

건망증

하나를 생각하면
하나 잊어버리고
주넘하듯 세월만 탓하는
변명

핑계

담배를 쭈욱 빨아들이다
서럽다고 말하던 눈물을 삼켰나

켁
켁

누가 눈치챌까
목에 걸린 연기 때문이라며
후
날려 보내는 그녀의 한 모금

윤옥난 시집 해설

나와 가족과 이웃의 서사
- 공광규

나와 가족과 이웃의 서사

1.

시를 무엇이라고 정의하기는 어렵다. 정의하는 순간 틀리기 때문이다. 시의 효용에 대한 정의도 마찬가지다. 사람들은 시를 쓰면서 자기 고백을 통해 자기 존재를 확인하고, 그 결과 자기를 치유하는, 놀랍지는 않더라도 지속 가능한 어떤 효과를 본다는 것이 이런저런 경험담과 오랜 연구를 통해 학문적으로 확인되고 공인되었다.

시는 자기를 갱신하고 치유하는 유용한 도구다. 어떤 사람이 시를 쓰기 이전과 이후가 달라졌다면, 시가 자기를 갱신하는데 시의 어떤 효과를 톡톡히 본 것이다. 윤옥난 시집에서도 시의 역사가 가르쳐 준 여러 가지 시의 효용 가운데 자기 치유를 증거 할 수 있는 문장들을 만날 수 있다.

시인은 나와 가족과 이웃과의 정서적 체험을 서정적으로 진술하면서 자기 치유의 영역에 도달하고 있다. 치유의 영역이 도달하기까지 몇 개 단계를 거친다. 첫 번째가 '나' 중심의 진술이고, 두 번째는 나와 가족 간 관계의 진술이다. 그리고 성장 과정이나 생활 주변에서 만난 인물을 포함 시인의 생업 공간에서 만나는 인물들과 사건을 진술하고 있다.

2.
'나'가 없으면 아무것도 없다. 나로부터 가족과 세계와 우주가 시작된다. 시인은 '시인의 말'에서 "그간 희생하고 엄마를 위해 살아보라."라는 딸의 충고를 받아들인다. 집안을 위한 헌신을 넘어 자기를 소진하는 관습에서 벗어나 자기를 찾으라는 말이다. 필요 이상으로 집안에 맹목적 시간과 힘을 소진한 후에는 자신의 서글픈 삶의 껍데기만 있는 노후를 맞이하게 된다.

'서글픈 삶의 껍데기' 심리는 노후를 맞는 사람들이 겪는 공통된 현상이다. 그러나 시에는 서글픈 삶의 껍데기를 벗기는 어떤 매력과 마력이 분명히 있다. 많은 창작자가 나이와 상관없이 이런 매력과 마력에 끌려 시에 입문한다. 그리고 시가 갖는 매력과 마력의 자장에서 멀리 떠나지 못한다. 시의 고유한 특성인 자기 고백 성격 때문이다.

정릉천 흐르는 종암동 산18번지

> 미루나무 벚나무 나란히 서 있던 냇가
> 언덕 위로 춘천행 열차
> 하루에 몇 번씩 지나다녔지
>
> 엄마는 이불 홑청 머리에 이고 나가
> 흐르는 맑은 물에 방망이질하고
> 우리는 물장구치고 놀았다
>
> 목련처럼 하얀 원피스 즐겨 입으시던 엄마
> 떨어진 꽃잎처럼 떠나시고
> 신발 떠내려 보내고 혼나던 친구도
> 어디론가 떠나버린 고향
> ― 「내 고향 종암동 산18번지」 부분

시인의 자기 고백은 대개 자신의 고향부터 시작한다. 윤옥난은 유년기 고향에 대한 추억을 편안한 문장으로 잔잔하게 진술하고 있다. 화자의 고향 지번과 미루나무와 벚나무가 나란히 서 있는 냇가, 지나가는 춘천행 열차, 빨랫감을 머리에 이고 냇가로 나가 빨래를 하는 엄마와 물장구를 치고 놀던 기억을 소환하고 있다.

이런 동화적 풍경 속에 목련처럼 흰 원피스를 입었던 엄마가 지금은 없다. 냇가에서 신발을 띄우며 물놀이를

하던 친구도 고향을 떠났다. 도시개개발로 옛 물길은 없어졌다. 홑청 이불을 널었던 비탈길에 비가 내리고 벚꽃이 빗물에 젖어 떨어지고 있을 뿐이다. 옛 고향의 집들은 지금 없어졌다.

> 부모님 일찍 여의고
> 고학하던 학창시절
> 마당 한쪽에 부모님 심으신
> 담장을 넘는 감나무 한 그루 있었다
>
> 공부하다 일하다 지치면
> 툭툭 발로 차며 엄마 그립다
> 부둥켜안고 눈물 한 바가지 쏟고 나면
> 나뭇가지 흔들어 눈물 닦아주던 친구
> ―「감나무야 고마워」부분

고향에서 조실부모하여 고학하는 어려운 삶 속에서 화자가 부도님 대신에 부모님이 심은 감나무에 의지하여 살았다는 내용이다. 감나무는 어려운 삶을 사는 화자의 눈물을 닦아주었고, 투정을 받아주었다. 감나무는 엄마처럼 화자를 위로하고 칭찬하거나 홍시를 주었다. 시간이 흘러 그 감나무를 찾아갔으나 도시재개발로 집도 헐리고 감나무도 사라졌다는 내용이다.

시인은 성장해 "스물다섯 살에 / 십자가와 성경에 손 얹고 결혼을 하고 / 하느님 말씀대로 선하게 살려고 노력했"(「기도」)다. "절이 다니시는 시어른들 모시고 / 부처님 전에 예불도 드"리는 포용적 며느리로 살았다. 그러나 신은 선량한 화자를 자주 넘어뜨렸다. 화자가 "쓰러져 숨넘어가는 직전까지" 화자를 내쳤다. 그럼에도 화자는 하늘을 올려다보며 "아시지요, 제 마음?" 하며 기도를 한다. 반어적이다.

결혼식에서는 "금은보석 다이아몬드 / 넉넉한 결혼 예물 받"(「빨간 장미와 다이아몬드 반지」)는다. 그러나 대부분의 삶이 그렇듯 만만치 않은 곡절의 삶을 겪는다. 생활이 어려워지자 결혼식에서 받은 폐물을 모두 팔았고, 다시 20년 후 결혼기념일에 장미와 다이아몬드 반지를 받는다. 그러나 이런 반지는 지금은 "손마디가 굵어"져 서랍 속에서 잠자고 있을 뿐이다.

> 아홉 식구 다 떠나보내고
> 홀가분하다가도
> 문득 쓸쓸해지면
> 터벅터벅 찾아가 잠시 쉬곤 하는 마당바위
>   - 「수락산 마당바위」 부분

위 시는 시인의 넉넉한 품과 성격을 가장 잘 표현해주고 있다. 자택에서 가까운 수락산 마당바위는 그의 위로장소다. 화자는 어느 날 물어물어 찾아간 젊은 도사로부터 떨어진 나뭇잎이 앉았다 가고, 구름이 머물다 가는 깊은 골짜기의 넓고 커다란 바위가 전생이었다는 말을 듣는다. 햇살이 내리고 짐승들이 몸을 말리고 가고, 새들이 노래하는 바위였다는 것이다.

시인은 어느 가을날 인사동 찻집에서 괴화나무를 바라보며 "괴화나무처럼 나도 익어가고 싶다"(〈괴화나무〉) 그 자연현상에 자신의 연륜과 결실 있는 노후를 비유하거나, 작은 천 조각을 잇대어 조각이불을 만들며 "어긋난 인생 뒤맞추"기를 인식한다. 시인은 조각이불에서 "어느새 포근하고 넓은 마음이 되어 / 온몸 감싸고도 남는 여운"을 느낀다.

또 수락산 작은 암자에 연등 구경을 갔다가 만난 스님의 말씀 "부처님이 따로 있나요 / 보살님들 마음이 부처지요"(「용굴암」)라는 말을 긍정으로 수용한다. 이렇게 품이 넉넉한 시인은 어느 날 죽은 바퀴벌레 앞에서 커피물을 끓이다가 문득 "매일 동동거리며 늙어가는 나도 / 머지않아 우주의 먼지가 되어 / 하느님의 빗자루에 쓸려갈지도 모른다는"(「죽은 바퀴벌레 앞에서」) 생각에 이른다. 인생을 외경하는 시인의 겸허가 돋보인다.

3.

윤옥난의 시에는 부모와 형제, 딸, 손녀 등 가족들이 등장한다. 대개 시인들의 시가 그렇다. 그리고 많은 시인을 포함한 작가들은 가족과 고향을 평생 우려먹고 산다. 가족과 고향은 작가들에게 있어서 무한자원이다. 유아기와 청소년기를 거치면서 정서적 유대를 가장 가깝게 한 것이 가족들이기 때문일 것이다.

시집에서 가장 먼저 등장하는 가족은 시집의 서문에 보이는 딸이다. 그리고 사위와 손녀들이다. 딸은 엄마를 위해 살아보라고 한다. 아마 시를 쓰거나 이 시집을 내게 되는 동기도 딸의 영향이 많이 있었을 것이다. 현재는 딸과 사위, 그리고 손녀들을 자주 접촉하고 정서적으로 위안과 보람을 얻는 것 같다.

정월 보름날 오곡밥을 짓는다

나 좋아하는 콩 넣다가
딸이 싫어하니 그냥 뺄까
나는 싫지만 그이가 좋아하는
보리 한 줌 우선 넣고
아버지 좋아하시는 팥
어머니는 생목 오른다고 싫어하시니 어쩌나

하다 어머니 좋아하시는 기장 섞으니
개성 강한 식구들 성깔이 선명하다

그냥 하얀 쌀밥 지을까
에잇, 그래도 대보름인데
별미 한 끼 먹어보자고
있는 대로 다 섞어 밥을 지었다

가족은 잡곡밥 같은 것
모양도 색깔도 달라도 너무 다른

그래서 튼튼해지는 것
점점 풍성해지는 화원 같은 것

-「가족」 전문

윤옥난은 가족을 잡곡밥 같다고 한다. 시인의 가족관이 시를 통해 잘 발현되고 있다. 가족을 구성하는 식구들 하나하나가 좋아하는 음식, 곡물이 다 다르다. 각기 다른 곡물들은 잡곡밥이라는 명사 하나로 수렴된다. 모양도 색깔도 다른 것을 하나로 수렴해가는 것이 가족이다. 한 가지 곡물로 지은 밥보다 여러 곡물을 섞은 잡곡밥이 균형 있는 영양식이듯 가족 관계도 그렇다는 시인의 메시지다.

  이런 가족도 끝까지 함께하지는 못한다. 언젠가는 흩어진다. 그것이 인생이다. 시인은 "할아버지 회갑 잔치에 찍은 가족사진"(「가족사진」)을 보며, 사진에서 사라진 사람들을 돌아본다. 모두 "각기 다른 사연으로 / 세상 떠난 사람들"이다. 이승에서 사라진 사람들을 "하나씩 지우다 보니 / 할머니도 엄마도 지워지고 / 동생도 안 보인다"고 한다.

  이런 지워진 이름들이 가물거려 슬프다고 한다. 그러나 딸과 손녀는 현재 살아서 시인에게 웃음과 활력을 주는 존재들이다.

> 어버이날 딸이 들고 온
> 돈 봉투 속에 함께 든 짧은 메모
>
> 엄마
> 늘
> 감사합니다
> 한없이 받은 사랑
> 이생에서는
> 다 갚을 수가 없으니
> 다음 생엔 꼭

제 딸로 태어나주세요

전생에 나는 딸의 딸이었나보다
- 「약속」 전문

한없이 착한 딸이다. 시인이 어버이날 딸에게서 받은 돈 봉투 속의 메모 "한없이 받은 사랑 / 이생에서는 / 다 갚을 수가 없으니 / 다음 생엔 꼭 / 제 딸로 태어나주세요"라는 문구가 감동으로 다가온다. 과거 생의 채권자, 즉 빚을 져준 사람이 이생에서 자식으로 태어난다고 한다. 그래서 자식은 무한히 받고, 부모는 갚아도 갚아도 못 갚고 죽는다는 것이다.

이런 딸이 낳은 손녀와 시인의 정서적 유대도 상당하다. 시 「빨간 마음」에서 친구가 밀어서 다쳐서 들어온 손녀에게 시인이 "너도 확 밀지 그랬어?" 하자 손녀가 "어, 그건 나쁜 마음인데요? / 그러면 마음이 까매져요, 할머니" 한다. 화자는 "삶에 덕지덕지 때 묻어 잊고 살았다"며 반성한다. 마음이 순수한 손녀를 통해 할머니가 선한 본래 인간상을 배운다.

시인의 남매 애도 남다르다. 시인은 「기와불사」에서는 가야산에서 내려오는 길에 해인사에서 종교와 상관없이 형제들을 위해 기와불사를 한다. 어린 가장이었던 오빠 이름을 쓰고, 젓배를 곯은 막냇동생 이름을 쓰고, 이들의 남은 생이 무탈하기를 빈다.

시인은 가족 중의 하나를 병으로 잃었다. 시만 가지고는 정확한 정보가 없지만, 남편으로 추정된다. 병으로 잃은 '그 사람'을 그리워하는 여러 편의 시가 시집 속에 보인다. "초롱초롱 눈에 장난기 섞어 / 무엇이든 물어보라 말하곤 했"(「사월의 탈의」)던 그 사람은 "답답함을 해결해 주는 / 백과사전 같은 존재였"는 데, "봄에 / 생의 옷 벗어버"렸다.

현재 그 사람은 시 「돌비석」에서 "인사도 없이 // 홀연히 / 앞산 양지바른 곳"에서 "처음으로 장만한 / 문패"를 달고 있다. 시인은 현재 없는 그 사람과 수락산 등산로를 손잡고 오르내렸다. 그 사람은 구절초를 좋아했다. 시인은 시 「가을」에서 그 사람을 떠올리며 "오늘은 참 많이 보고 싶다"고 한다. "새처럼 자유롭게 떠난 그 사람"(「다시 올 리 없다」)이 "다시 올 리 없"지만, 그 사람을 꿈에서 보기도 한다.

4.
윤옥난은 도시 상가의 어느 특정 공간에서 만나는 인물들과 가졌던 다양한 체험을 진솔하게 진술하고 있다. 이를테면 곱게 매니큐어를 바른 일흔아홉 살 옥이 할머녀를 "푸성귀 다듬다 풀물 든 손톱 / 남 보기 부끄럽다며 / 수줍게 웃는 / 예쁜 할머니"라고 진술한 「천생 여자」를 비롯해 「막걸리」「맛없는 말」「응답」「예의 바른 그녀」 등 다양한 인물 군상들과 가졌던 정서적 체험을 진솔하게 표현하고 있다.

시인이 이웃을 바라보는 시선과 태도는 시집의 제목이 그렇듯 긍정적이고도 재미있다. 그의 시는 틈틈이 독자에게 웃음과 즐거움을 준다. 시 「예의 바른 그녀」와 「할머니 나이」 같은 경우다. 본래 시가 여가를 잘 보내기 위해 발명한 인류의 산물이라면 시인이 독자에게 건네는 재미는 그만큼 가치가 있다고 할 것이다.

> 빨간 플라스틱 의자에
> 엉덩이만 걸친 여자가 졸고 있다
> 앞으로 옆으로 *끄덕끄덕*
> 연신 절을 한다
>
> 안녕하세요
> 안녕하세요
> 동네 어른이라도 만났나
> 머리에 꽂힌 햇빛도 기웃거린다
>   – 「예의 바른 그녀」 전문

> 노인 유치원 가기 싫다고
> 주저앉아 떼쓰는 황 씨 할머니에게
> 옆집 93세 강 씨 할머니가
> 댁은 지금 몇 살이오 물었다
>
> 나요? 몇 살이냐고?
> 왜 여자 나이를 묻고 지랄이야
> 나는 찹살이야 찹쌀!
>
> 이집 저집 아낙들
> 웃음꽃 빵 터졌다
>
>   -「할머니 나이」전문

  후자의 시가 고령의 여성 인물 두 명을 등장시켜 대화 어법으로 웃음을 주고 있다면, 앞에 시는 뒤에 비해 젊은 여성을 등장시켜 웃음을 유발하게 한다. 빨간 플라스틱 의자에 앉아 조는 여성의 모습에서 독자는 어떤 고단하면서도 한가한 시장의 분위기를 읽을 수 있다. "예의 바른 그녀"라는 제목이 주는 방식도 풍자다.
  후자의 시는 시중에서 가끔 듣는 일화다. 실제 상황이든 어디서 재료를 가져왔던 내용이 보편성을 획득하고

있다. 노인유치원에 가야 하는 할머니는 아마 치매가 살짝 온 듯하다. 아직 정정한 93세 노인의 질문에 반응하는 방식이 만만치 않다. 고령화가 급속도로 진전된 우리 사회가 앞으로 종종 마주치게 되는 풍경일 것이다.

시에는 창작자의 성격이 드러나고 성품이 읽힌다. 시에 드러나는 윤옥난의 따뜻한 성격과 측은지심의 성품은 여러 시에서 확인된다. 시 「겨울」은 상가 생선가게 이 씨의 모습을 적실하게 묘사하고 있다. 가게 주인인 이 씨가 '생태 한 곽스 / 좌판에 늘어놓자 / 버석버석 동태가 되었다'고 한다.

더불어 이 씨는 "손도 마음도 얼었다 녹았다" 하며 낯빛이 점점 황태가 되어간다고 묘사하고 있다. 겨울에 언 동태와 시장에서 동태를 파는 인둘의 모습을 등치 시키고 있다.

> 덩치 큰 사내가 탑골공원 담벼락에 쭈그려 앉아
> 비닐봉지 주먹밥을 꾸역꾸역 입에 넣고
> 식은 국물 마신다
>
> 안쓰러운 눈빛이 허공에서 부딪힐 때
> '먹고 가' 사내의 작은 목소리가 옷깃을 잡는다

모락모락 김 오르는
하얀 쌀밥 한 사발 주고 싶다

- 「밥」 전문

휠체어를 타고 달리는 그녀
바쁜 동네 사람들 또 다른 발이 되어
자질구레한 심부름 해주지

손에 든 작은 보따리라도 보이면
무릎에 얹고 그 집 앞에 달려가 내려놓지

고맙다는 인사에 오히려
기쁘게 일할 수 있게 해주어 감사하다며
활짝 웃는 착한 영자씨

- 「작은 천사」 전문

  언론 보도에 의하면 대한민국은 노인빈곤율이 40%로 OECD 국가 평균 14%를 훨씬 넘어 1위라고 한다. 고령화 사회로 급하게 직진하고 있는 상황에서 노인의 미래가 암울한 나라다. 시 「밥」은 이런 노인 빈곤 문제를 다루고 있다. 탑골공원에서 나누어주는 비닐봉지 주먹밥과 식은 국을 얻어먹고 근근이 목숨을 이어가는 안쓰러운 노인 도습이 안타깝다.

 탑골공원에서 밥을 먹고 가라는 노인의 목소리가 옷깃을 잡는다는 표현을 통해, 마음이 현장에서 쉽게 꺼나지 못하는 시인의 측은지심을 엿볼 수 있다. 시「작은 천사」는 휠체어에 의지하는 삶이면서도 이웃들과 활짝 웃으며 사는 인물을 묘사하고 있다. 시인의 건강한 평등심이 엿보인다.

 또 시「아름다운 동행」에서는 겨울에 가난한 이웃 동네 연탄배달 봉사를 통해, 자발적으로 모인 사람들이 연탄을 배달하느라 길에 찍힌 "크고 작은 검은 발자국"을 따뜻하게 묘사하고 있다. 이웃과 어울리고 소통하는 시들에서 천성이 따뜻한 시인의 모습이 확연히 드러난다.

5.

 윤옥난의 시집 원고들은 나와 가족과 이웃 제재를 중심으로 갈래를 만들고 모둠을 지어 살펴보았다. 기록이 없으면 아무것도 없다. 기록은 자기 존재의 확인이다. 시인은 기억과 생활 일상에 대한 서정적 기록을 통해 일상의 인간으로서 존재, 여성으로서 존재, 어머니로서 존재, 사회 일원으로서 존재를 확인하고 있다.

 서문과 시「회귀」에서 보여주듯 시인은 오래전 뇌출혈이라는 큰 수술을 하고 퇴원해 병원문을 나온 적이 있다. 이런 큰 사건은 자신을 돌아보게 하고 인생에 대한 가치관을 재고하게 한다. 나를 고백하는 시에서는 자신의 유년과 고향, 친구와 도시 생활 일상에 대한 서정적 기록을 하고 있다.

시에 세월이 흘러 사라진 가족과 '그 사람'으로 지칭되는 가까운 가족을 잃은 슬픔과 그리움도 보인다. 현재 남아있는 가족들과 진행 중인 행복한 소통도 보인다. 또 생활 주변에서, 또는 생업 공간으로 상정되는 도시 상가의 인물들과 가졌던 다양한 체험과 관계를 진술한 시들이 상당수가 된다. 이웃들과 소통이 너그럽고 자연스럽다. 그의 시에는 인간에 대한 따뜻한 시선과 긍정, 인생에 대한 겸허가 엿보인다.

문장이 곧 그 사람인 것처럼, 윤옥난의 시에서도 그 사람이 보인다. 시의 프리즘으로 보는 윤옥난은 품이 넓고 너그러우며 어려운 사람을 측은지심으로 바라보는 착하고 선한 마음의 소유자다. 시인은 개인은 물론 자신의 존재를 규정짓는 가족이나 이웃 인물들과 가졌던 체험을 진술하면서 치유의 성역에 가 닿고 있다.